Frederick Amrine

Cruzando al Carril de la Cultura Convencional

(Titulo original en inglés: Moving into the Mainstream)

Introducción a la Antroposofia 16

Contenido

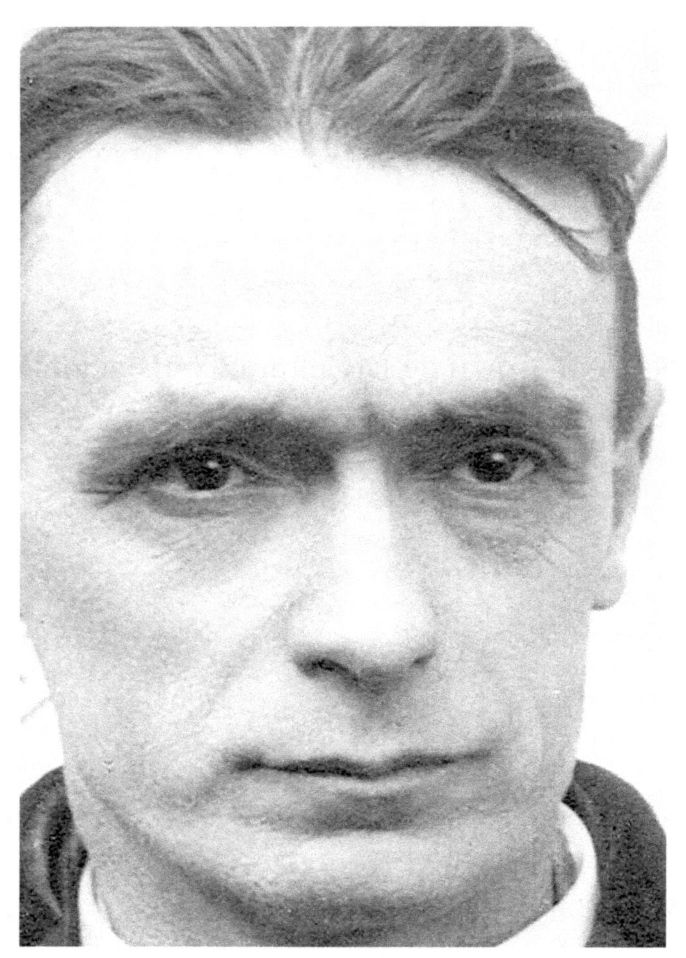

Rudolf Steiner

Cruzando al Carril de la Cultura Convencional

Este ensayo es acerca de Rudolf Steiner. Pero antes, tengo que contarte las historias de otros dos hombres que vivieron antes que Steiner.

La primera es la de Bronson Alcott, el trascendentalista americano.

Amos Bronson Alcott (1799-1888)

Alcott fue un gran idealista. Emerson dijo que a Alcott "le falto poco para ser un serafín." Entre sus muchos logros, Alcott fue un pedagogo revolucionario. Me gusta decir que el fundó el primer colegio

Waldorf en el mundo, la Escuela Templo (1834), llamada así porque estaba alojada en el Templo Masónico en el centro de Boston.

La educación en esos días era estricta. Informada por la doctrina predominante del pecado original, los niños eran considerados como seres del diablo, y la bondad tenía que ser golpeada en ellos con una disciplina de hierro. Las escuelas eran tristes y de mal gusto, y con frecuencia eran construidas en las esquinas de los campos, tan cerca de los cruceros que los vagones al virar las raspaban con el eje de sus ruedas. La instrucción era rutinaria, y los niños que no dominaban sus lecciones a menudo recibían un palmetazo.

La escuela de Alcott no podía ser más diferente. Las aulas eran aireadas y luminosas, iluminadas por grandes ventanas. Las paredes estaban pintadas de colores agradables, y adornadas con imágenes. Pero lo más importante es que Alcott consideraba a los niños innatamente buenos. Él era un Platonista, y creía que las almas encarnaban de una existencia prenatal, donde habrían recientemente experimentado la verdad, lo cierto, lo bueno, y lo bello. Si los niños se portaban mal, debió ser porque algún adulto les dio el mal ejemplo, así es que Alcott se hacía responsable: caminaba hacia el niño mal portado, le daba la regla y ponía su mano para que el niño le pegara. La suya fue la primera escuela con una biblioteca que prestaba libros, y – de nuevo porque creía en la bondad innata y juicio de los niños – fue la primer escuela en instalar un gobierno estudiantil.

View of Mr. Alcott and the Children conversing.

Alcott utilizaba el método Socrático de instrucción. Hacía preguntas inductivas, y esperaba que los niños supieran la respuesta, ya que habían habitado el mundo espiritual. Como Sócrates, él era meramente la partera, asistiendo el nacimiento del conocimiento. Les preguntaba a los niños qué pensaban del Evangelio, incluyendo los pasajes complicados. Muchas de estas conversaciones han sido registradas en un libro extraordinario titulado, *Así Como un Angel Descendí*.[1]

Muchos miembros de la élite de Boston enviaban a sus hijos a esa escuela. Pero un buen día Alcott hizo algo que aún los ciudadanos más liberales de una de las ciudades más liberales en America no podían encarar. Los padres guardaron a sus hijos en casa, y la escuela cerró precipitadamente. Alcott había hecho una cosa inefable, algo imperdonable. Había admitido a un niño Afro-Americano en la escuela.

*

---

[1] Bronson Alcott, *How Like an Angel Came I down: Conversations with Children on the Gospels*. Hudson, New York: Lindesfarne Press, 1991.

Thomas Harriot (1560-1621)

La segunda historia es acerca de una figura aún más antigua, el matemático y mago Isabelino Thomas Harriot.

Harriot era miembro de la notoria "escuela de la noche" del conde de Northumberland. Otros miembros famosos incluían a sir Walter Raleigh y a Christopher Marlowe. La llamaban "escuela de la noche" porque corrían muchos rumores sobre sus actividades sospechosas que los obligaba a reunirse en secreto. Harriot era particularmente afín a sir Walter Raleigh, y lo acompañó a este en uno de sus viajes a América. Harriot resolvió algunos problemas complejos de navegación, y sorprendentemente el viaje procedió sin contratiempos. Un reporte maravilloso de este viaje se incluyó en el libro de Giles Milton titulado, *Gran Jefa Isabel*.[2]

Cuando Harriot murió en Oxford, los profesores forzaron los candados de su puerta y buscaron sus manuscritos. Y encontraron lo que buscaban: signos místicos garabateados en los papeles, evidencia concluyente de que Harriot había hecho un pacto con el diablo. Algunos de estos signos esotéricos son reproducidos en la página siguiente. Estoy seguro de que muchos de ustedes se conmocionaran al verlos, así que tengan cuidado …

---

[2] Giles Milton, *Big Chief Elizabeth: The Adventures and Fate of the First English Colonists in America.* New York: Farrer, Strauss and Giroux, 2000.

Por supuesto que son los ahora-familiares signos de "igualdad," y los ahora-aceptados símbolos algebraicos de "mayor que" y "menor que," inventados por Harriot. Los *signos diabólicos* que los señores de Oxford descubrieron eran en realidad las primeras instancias de algebra escrita enteramente en notación simbólica.

Apenas hace 400 años, lo que es básicamente tarea de matemáticas de un estudiante de secundaria era vista – ¡por profesores de Oxford! – como evidencia dispositiva de un pacto con el diablo.

Aunque él nunca publicó en vida debido al ambiente de sospecha que lo rodeaba, los trabajos de Harriot fueron publicados por generaciones subsiguientes, y hoy en día es reconocido como "el padre del algebra inglesa." Sus logros científicos fueron asombrosos: Harriot desarrolló tablas logarítmicas, inventó la notación binaria, ideó los números irracionales y complejos, y usó un telescopio antes que Galileo para hacer dibujos certeros de la superficie de la luna. El descubrió la ley de Snell veinte años antes que Snell, y descubrió la circulación de la sangre antes que Harvey. Harriot también fue un antropólogo formidable que aprendió a hablar Algonquino, y fue un pionero de la etnografía. Por estos varios logros, él se adelantó por siglos a su tiempo.

*

¿Entonces, cual es el punto de estas dos anécdotas, y que tienen que ver con Rudolf Steiner?

El punto es que el carril de la cultural convencional es un blanco en constante movimiento, y que toda innovación entra al carril convencional desde los "márgenes".

Puede que haya gente hoy en día que crea que los niños Afroamericanos no merecen ser educados, pero si esa gente existe, ellos son unos lunáticos marginados, y no se atreverían a decirlo en público. Lo que los mas iluminados ciudadanos de la ciudad más iluminada de América no podían aceptar bajo ninguna circunstancia en 1834, se ha convertido en una norma incontestable. Así mismo con Harriot, lo que se consideraba en su tiempo como conocimiento ilícito, obtenido del diablo, sus percepciones algebraicas se han incorporado en el currículo normal de matemáticas que todo mundo aprende.

Todas estas ideas comenzaron fuera del carril de la cultura convencional, y se movieron dentro del él. O, quizás, mejor dicho, el carril convencional se elevó para incorporarlos.

En su manifiesto *Concerniente a lo Espiritual en el Arte*,[3] Kandinsky se imaginaba la evolución espiritual como un triángulo continuamente ascendiente: ideas nuevas entran por el ápex, frecuentemente a través de un individuo único – alguien que él llama "el Moisés interno" – y luego

---

[3] Wassily Kandinsky, *Concerning the Spiritual in Art*. New York: Dover, 1977.

se propagan a través del triángulo conforme pasan las generaciones. La idea innovadora que primero se le apareció a un individuo es aceptada por la mayoría.

Y eso es lo que pasa con Steiner. Sus percepciones, alguna vez relegadas a los márgenes, se han gradualmente movido hacia el carril de la cultura convencional.

Me gustaría ofrecer un breve recuento de esta progresión. Para hacerlo dividiré aspectos de la filosofía de Rudolf Steiner, la cual llamó antroposofía, en tres categorías: ideas que inicialmente estaban fuera del carril convencional que fueron aceptadas durante la vida de Steiner; ideas que fueron aceptadas después de la muerte de Steiner; y finalmente algunas ideas que no han entrado al carril convencional, pero que quizás estén a punto de hacerlo. No es necesario decir que la lista es meramente representativa, y no completa. Otra cosa, Steiner pudo no ser el inaugurador de todas estas ideas, pero participó completamente en todas ellas desde sus etapas iniciales.

I.

Cuando Steiner aún Vivía

(1861-1925)

Descubriendo el Subconsciente

Steiner argumentó que un mundo vasto se hallaba dentro de nuestro subconsciente, y que nosotros podemos gradualmente elevarlo a la consciencia. Los primeros ecos de esto sucedieron aun antes de que Steiner comenzara a expresar públicamente sus percepciones esotéricas. En el año 1900, Freud publicó *La Interpretación de los Sueños*, donde hizo la revolucionaria aseveración de que el subconsciente es mucho más grande e importante que lo consciente. Freud compara la consciencia con un órgano sensorial, el cual por supuesto presupone que hay algo afuera de la consciencia para ser percibido por los sentidos. Ya que Freud mostró que la consciencia de hecho condensa y distorsiona lo subconsciente, el veía lo subconsciente como primario, y lo consciente como meramente secundario. *La Interpretación de los Sueños* tuvo solo un puñado de lectores en un principio, pero ganó terreno, y para cuando Steiner murió, Freud ya se había hecho famoso. Mas avanzado en vida, cuando le forzaron a definir al psicoanálisis en una frase, Freud dijo: "el Id se volverá ego" – o sea, el subconsciente se elevará a la consciencia.

Sufragio de la Mujer

Steiner ciertamente no fue el fundador de este movimiento, pero sobresalía entre intelectuales del género masculino por apoyar completamente los derechos de la mujer. Ya en su *Filosofía de la*

Libertad (1984), Steiner argumentaba que las mujeres se merecían ser tratadas como individuos, y debían ser otorgadas completamente de sus derechos políticos y sociales. En ese ensayo, Steiner agudiza el punto al hacer la observación de que, si hay "asuntos de mujeres," entonces las mismas mujeres los deberían de decidir. En los Estados Unidos, el artículo 19 de la Constitución, que le otorgo a las mujeres el derecho de voto, fue aprobado el 4 de junio de 1919.

Democracia Social

Desde un principio, Steiner insistió que la democracia era la única forma política apropiada. La mayoría de sus contemporáneos intelectuales eran monarquistas. Después de la abdicación del Kaiser en 1918, Alemania comenzó a transformarse políticamente, aunque gradual y tentativamente. La Republica de Weimar era un constructo extremadamente frágil, pero era no obstante una democracia social.

Expresionismo en las Artes

Cuando Rudolf Steiner terminó su trabajo sobre los archivos de Goethe en Weimar, en los 1890s, se mudó a Berlín y compró una revista literaria que estaba en mala condición, la cual incluía un teatro y un grupo de excéntricos, pero vanguardistas dramaturgos. Steiner se metió de lleno en la escena de arte vanguardista, promoviendo en su revista un nuevo estilo de arte que no imitara las condiciones externas, sino que expresara los valores y experiencias internas del artista. Nadie, mucho menos sus dramaturgos que eran devotos del naturalismo tenían la mínima idea de lo que hablaba Steiner, y la revista se colapsó. Pero una década y media después, ya radicado en Múnich, Steiner inspiró directamente a sus alumnos Kandinsky y Schoenberg para que desarrollaran arte expresionista en un movimiento llamado El Jinete Azul. En esta época, Steiner mismo emergió como un dramaturgo expresionista, escribiendo y produciendo cuatro Dramas Misterio.[4] Ya

---

[4] CW 14; Rudolf Steiner, *Four Mystery Dramas*, trans. Ruth and Hans Pusch

más tarde, se convirtió en el más destacado arquitecto expresionista.[5] El rol protagonista que jugó Steiner en el desarrollo del arte expresionista es una historia que se conoce en ciertos círculos académicos especializados, pero es más bien desconocido al público en general.

II.

Después de la Muerte de Steiner

(1925-2020)

Agricultura Orgánica y Ecología

En junio de 1924, ya cerca del final de su vida, Steiner ofreció su único curso de pláticas sobre agricultura, pero fueron enormemente efectivas. De hecho, la agricultura bio-dinámica (como se le conoce a su variedad especial de agricultura orgánica) se ha convertido en un movimiento mundial muy bien logrado. Irónicamente, los vinos bio-dinámicos son los productos más avanzados y son muy apreciados. En el tiempo en que Steiner dio sus pláticas, Alemania estaba muy orgullosa de estar en la vanguardia de la agricultura industrial, así es que el llamado de Steiner para tener una alternativa genuinamente ecológica, en la cual la granja es un organismo autosustentable, fue ignorada. Pero ahora Steiner es justamente visto como un gran pionero del movimiento orgánico específicamente y del movimiento ecológico en general.

Educación Progresiva

(Great Barrington, MA: SteinerBooks/Anthroposophic Press, 2007).
[5] See the account in CW 289/290; *The First Goetheanum: Towards a New Theory of Architecture*, introduction John Kettle, translation and commentary Frederick Amrine (Great Barrington, Massachusetts: SteinerBooks, 2017), especially in my bibliographic essay.

Steiner fundó la primera escuela Waldorf en Stuttgart en 1919. Fue un experimento audaz, y cuando Steiner murió, solamente existía una. Sin embargo, desde entonces la educación Waldorf se ha multiplicado; hoy en día es uno de los movimientos de colegios independientes más grandes del mundo, y ciertamente es la faceta más publica de la antroposofía. Ciertamente hubo muchos experimentos innovadores en el campo de la educación anteriormente, remontándose al siglo 18, pero no fue hasta que los académicos hicieron eco a Steiner al hablar de inteligencias múltiples y de epistemología genética (la idea que los niños piensan muy diferente a diferentes edades) que la base teorética de la educación progresiva finalmente se cimentó.

Financiamiento Social

Rudolf Steiner condujo algunos experimentos prácticos en lo que hoy llamamos financiamiento social, pero estas pequeñas innovaciones fueron erradicadas por la hiperinflación de los 1920s en Alemania. Desde la muerte de Steiner, sin embargo, hay gente que se ha esforzado para hacer sus teorías realidad, con resultados sorprendentes. Ahora hay varios bancos antroposóficos en diferentes países, los cuales han experimentado exitosamente con diferentes concepciones del dinero y con la manera como debe funcionar en un organismo social sano. Otro concepto clave en la teoría social de Steiner, "economía asociativa," ha despegado en la forma de Agricultura Apoyada por la Comunidad (CSA por sus siglas en inglés), en donde un grupo de consumidores se unen y les garantizan a los agricultores un salario viable a cambio de tener voto en las decisiones de la producción. El concepto de CSA fue traído a este país por antropósofos, y las primeras CSAs fueron completamente antroposóficas. Cuando me mudé a Ann Arbor, Michigan en 1986, había una sola CSA, una granja biodinámica. ¡Ahora hay más de 50 solamente en Ann Arbor! La idea del CSA ha sido adoptada en la cultura convencional.

Tradiciones Orientales

Una de las tareas de Steiner como secretario de la Sociedad Teosófica en Alemania fue introducir filosofía oriental en el oeste. Steiner incorporó muchos aspectos del budismo en particular en la antroposofía, pero en términos generales, solo lo logró parcialmente. Pero hoy en día, sin embargo, las filosofías y religiones orientales son universalmente conocidas y respetadas. De hecho, en multitud de encuestas, el Dalai Lama sobresale como la persona más respetada del mundo.

El Tercer Camino, La Crítica de la Razón Instrumental, y Capital "Neutralizado"

Otros tres movimientos pueden ser mencionados brevemente. El Orden Social Tripartita de Steiner se intentó institucionalizar en Centro Europa como una alternativa tanto al capitalismo como al comunismo. El concepto se ha adoptado en el carril convencional de la teoría socialista, pero también fue puesto en práctica por un corto tiempo por el gobierno de Dubĉek en la Primavera de Praga, hasta que los Soviéticos enviaron tanques para aplastarlo. El economista que desarrollo la teoría económica de la Primavera de Praga fue Eugen Löbl, quien era un fuerte promotor de las ideas tripartitas de Steiner. Aunque no lo llamó de esa manera, Steiner montó una crítica vociferante contra la teoría de la Frankfurt School que luego se llamó "razón instrumental". Y finalmente, el concepto de Steiner de capital "neutralizado" se ha extendido en la forma de fundaciones sin fines de lucro (ONGs), y aun en corporaciones públicas que son mayormente propiedad de ONGs y controladas por las mismas.

III.

A Punto de Entrar al Carril de la Cultura Convencional
(2020 -)

Finalmente hay ideas de Steiner que aún no han entrado al carril convencional, pero que en muchos casos están a punto de hacerlo.

Reencarnación

La primera es la noción de reencarnación, la cual es, por supuesto, un concepto antroposófico clave. No sería justo decir que la idea de reencarnación ha entrado al carril de la cultura convencional, pero sí está en proceso de hacerlo. Numerosas encuestas confirman que aproximadamente una tercera parte de los encuestados creen en la reencarnación, y hasta un 60% aceptan la idea como una posibilidad. Este número es probable que se incremente con el tiempo.

Espiritualidad

Una idea antroposófica que es justo lo que necesita nuestra época es la de la espiritualidad como un tercer camino entre ciencia y religión. Esta idea está tomando vida especialmente en las generaciones jóvenes, donde hay muchos que aseveran que no son para nada religiosos, pero si espirituales. La diferencia entre religión y espiritualidad sigue siendo confusa para muchos, pero yo diría que es principalmente la diferencia entre fe y conocimiento. La religión, especialmente el cristianismo evangélico en este país, es todavía inmensamente poderoso, y eso no se debe de menospreciar. Sin embargo, más y más gente ya no está satisfecha con solo *creer*; lo que quieren es *conocer*. El materialismo ya perdió la batalla en la teoría científica, pero todavía predomina en la práctica científica. Esta es una contradicción que no puede continuar, y yo creo que los teoristas le terminaran ganando a los que ejercen en la práctica.

La Evolución de la Consciencia

Otra idea antroposófica clave que está moviéndose hacia el carril de la cultura convencional es la de la evolución de la conciencia. A diferencia de la intelectualidad histórica convencional, en la cual una sucesión de ideas diferentes son vistas como si habitaran estructuras epistemológicas que se supone que son constantes, Steiner argumentaba fuertemente que la estructura de la conciencia humana misma cambia con el tiempo, y que es la evolución de la estructura de la conciencia misma la que lleva las riendas de la sucesión de diferentes paradigmas o mentalidades que son el objeto de la intelectualidad histórica convencional. Esta idea se ha adoptado en la antropología cultural actual, la cual ha aprendido a reconocer la conciencia prelógica por si misma. Cuando esta noción se adopte completamente, absolutamente transformará las humanidades.

El Inconsciente de la Naturaleza

Finalmente, está la idea antroposófica que me gustaría llamar "el inconsciente de la naturaleza." Es la idea que el mundo entero está vivo, y que solamente nos parece muerto debido al eclipse de conciencia que fue necesario para que ganásemos nuestra libertad. En realidad, el inconsciente de la naturaleza es el mundo espiritual. Esta idea es quizás la más difícil, y la que está más lejos de ser adoptada por la cultura convencional, pero hay algunos centelleos de reconocimiento.

*

La antroposofía entrará a la cultura convencional bajo dos condiciones. La primera, la cultura convencional tiene que exhibir un grado de apertura a ideas nuevas. Y segundo, nosotros los antropósofos debemos querer y poder entrar al carril de la cultura convencional. La antroposofía entrará al carril convencional bajo dos condiciones. Primero, el carril convencional debe de exhibir un cierto grado de apertura a nuevas ideas. Y segundo, nosotros los antropósofos debemos de querer y poder entrar al carril convencional.

¿Pero, esta cultura convencional quiere que entremos? Tristemente, en general la respuesta es 'no'. Pero esto no debe de sorprendernos. Recordamos el famoso reporte de Thomas Kuhn sobre la estructura de las revoluciones científicas.[6] Por sus propias luces, la ciencia debería de ser constantemente revolucionaria; debería estar lista para descartar cualquier hipótesis que ha sido invalidada por medio de experimentos. Pero el argumento impactante de Kuhn es que la ciencia no trabaja para nada de esa manera. 99% de todo el trabajo científico cae bajo lo que Kuhn llama "ciencia normal." Una vez aceptado un paradigma, los científicos trabajan no para invalidar el paradigma (como lo prescribe el método científico), sino para explicar lo más posible lo que sí es válido bajo ese paradigma. Puesto más técnicamente, quieren extender el dominio del paradigma. Y las anomalías – cosas que el paradigma no puede explicar – se convierten en problemas para una investigación futura. Si el paradigma no puede explicar un fenómeno después de generaciones e incluso siglos (por ejemplo el movimiento retrógrado de la astronomía de Ptolomeo), finalmente la ansiedad y la búsqueda de una nueva solución provoca – misteriosamente – una revolución, un "cambio de paradigma." Los cambios de paradigma son realmente raros en la ciencia, y hay una buena razón que lo explica: la ciencia "normal" es extremadamente conservadora. Kuhn escribió que los paradigmas son muy lentos para morir. La ciencia normal no *quiere* la innovación; si no que quiere lo contrario, de hecho – olvidándose que *todo* progreso científico es ultimadamente anti paradigmático. Lo que significa, emerge de los márgenes (no del carril convencional).

Yo creo que la respuesta a la pregunta de si *nosotros* queremos entrar al carril convencional, a pesar de todas las dificultades, debe ser un enfático "sí." *¿Pero nosotros como antropósofos en realidad queremos entrar al carril convencional?* Esta es una pregunta válida, y

---

[6] Thomas Kuhn, *The Structure of Scientific Revolutions: 50th Anniversary Edition*. Chicago: University of Chicago Press, 2012.

nos incumbe meditarla. Al menos a una parte de nosotros le *gusta* ser una minoría asediada; uno podría llamarlo "el romance de la oposición."

Y toma verdadero *valor* entrar a la cultura convencional. En la cultura convencional no estamos rodeados de gente que piensa como nosotros. No es un lugar confortable. De hecho, la señal fehaciente que estamos entrando al carril convencional es que somos atacados por el escepticismo. Hasta que comenzamos a aparecer en el carril convencional, estamos asignados al margen, quizás aun el margen lunático, y nadie nos molesta. Irónicamente, ser cuestionados es una señal de que se nos está tomando en serio.

Nuestro perseverar y eventual triunfo dentro de la cultura convencional también requiere de imaginación moral, tacto moral, y técnica moral – las tres virtudes que Steiner elabora en su *Filosofía de la Libertad*.[7] No nos basta tener una lista de respuestas ya preparadas a preguntas que no están siendo preguntadas. En su lugar, necesitamos hacernos artistas éticos y ejercitar libremente una intuición moral adecuada para hacer frente a cada situación. Necesitaremos haber hecho a la antroposofía un componente vivo de nuestra naturaleza que podremos enmarcar nuestras respuestas a los retos y preguntas en su momento adecuado, en su lenguaje adecuado. Necesitamos tacto moral para "sentir" (usando el "tacto") la respuesta correcta a las preguntas que están en realidad siendo hechas. Y necesitamos técnica moral, las habilidades necesarias para hacer encarnar una *idea* moral como un *ideal* sólido en el mundo.

Estas son virtudes que no se dan naturalmente: necesitamos trabajarlas constantemente. En realidad, son un sinónimo de *sabiduría*. Que adquiramos esa sabiduría y que la cultura convencional lo sepa apreciar.

---

[7] Rudolf Steiner, *The Essential Philosophy of Freedom*. Trans. Frederick Amrine. 2nd edn. [Amazon:] Keryx, 2020.

Otras Introducciones a la Antroposofía

Que Pueden Ser de Interés:

Frederick Amrine, "Discovering a Genius: Rudolf Steiner at 150." Keryx 2017.

Rudolf Steiner, "Anthroposophy, the Gospels, and the Future of Humanity." Trans. Frederick Amrine. Keryx, 2018.

Rudolf Steiner, *The Inner Weaver, the Inner Musician, and the Cognitive Power of Love.* Trans. Owen Barfield and Frederick Amrine. Keryx, 2019.

Rudolf Steiner, CW 4: *The Essential* Philosophy of Freedom. Trans. Frederick Amrine. Keryx 2017. 2nd edn. 2020.

Rudolf Steiner, *Fighting Antisemitism: Seven Essays.* Trans. Frederick Amrine. Keryx, 2019.

Rudolf Steiner, *Anthroposophy and Mathematics.* Trans. Frederick Amrine. Keryx, 2019.

Frederick Amrine, "Eurythmy and the New Dance: Loie Fuller, Isadora Duncan, and Ruth St. Denis." Keryx 2017.

Rudolf Steiner, Imagination, Inspiration, and Intuition: Introduction. Trans. Frederick Amrine. Keryx, 2019

Rudolf Steiner, *Ancient Greek Consciousness.* Trans. Frederick Amrine. Keryx, 2018.

Rudolf Steiner, "Excerpts from *The Boundaries of Science.*" Trans. Frederick Amrine. Keryx, 2018.

Rudolf Steiner, *Reincarnation and Karma from a Scientific Standpoint*. Trans. and ed. Frederick Amrine. Keryx, 2018.

Rudolf Steiner, *The Bologna Lecture: The Psychological Foundations and Epistemological Stance of Anthroposophy*. Trans. Frederick Amrine. Keryx, 2018.

Rudolf Steiner, "Child Development as the Basis for Education." Trans. Frederick Amrine. Keryx, 2018.

Rudolf Steiner, *Rethinking the Social Organism: Selected Writings*. Trans. and ed. Frederick Amrine. Keryx, 2019.

www.ingramcontent.com/pod-product-compliance
Lightning Source LLC
Chambersburg PA
CBHW052139150726
48002CB00006B/2677